JN208873

デンマークのクロスステッチ

街並みと窓辺のスケッチ

Old Towns and Lives through My Window in Cross-Stitch

デンマーク手工芸ギルド

デザイン
ゲルダ・ベングトソン
イダ・ウィンクレル
エディス・ハンセン
監修
山梨幹子
発行
ヤマナシ ヘムスロイド

はじめに

　ある年の夏、ノルディック5カ国の手工芸展がスウェーデンの小都市で開催されたとき、デンマークの代表として出品されたデンマーク手工芸ギルドの刺繍作品をはじめてみました。その時の、これほどまでに繊細で素朴で美しいものがあったのかしらという感動から始まって、日本への紹介と普及に務め、たちまち15年以上が過ぎ去りました。

　しかし、あの日の感激は私の中で燃焼し続け、この歳月の間にわが国にもクロスステッチ愛好者が着実に増え、この度、8冊目の『デンマークのクロスステッチ』発刊の運びとなったことにはうれしさもひとしおです。

　私たちをひきつけてやまないデンマークのクロスステッチの魅力とは、限定されたステッチと制約された麻布のキャンバスの上で、いかに自然の移り変わりや暮らしの生き生きとしたタッチを、形と色で表現しているかに尽きると思います。

　本書のテーマも「街並みと窓辺のスケッチ」であり、ギルドのベテランデザイナーのゲルダ・ベングトソンやイダ・ウィンクレルらが、街角の建物の美しさ、公園に憩う人々のユーモラスで楽しいひとときを充分に表現してくれています。こうした、生活のかけがえのない一コマ一コマを麻布にステッチできる喜びは、刺繍を愛する人々に共通したものでしょう。

　デンマークの伝統と一針の喜びを、私と共に楽しんでいただけることを祈ります。

1990年1月　山梨幹子(デンマーク手工芸ギルド日本代表)　——初版前書きより

※本書は、1990年に文化出版局より出版された『デンマークのクロスステッチ』Ⅷ巻を再編集したものです。

目次

応用作品

ポシェット

仕上がりサイズ 19cm×16cm

[材料] 麻布10目（晒し）／用意する布 24cm×25cm ／デンマーク花糸 1本どり

[作り方] 本書の図案から部分的に好きな柄を選び、下図のようにクロスステッチをします。

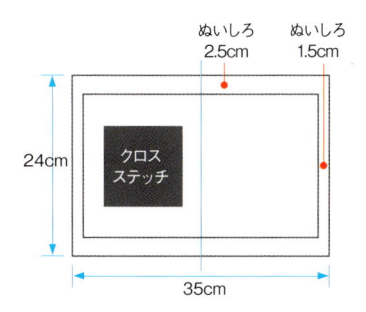

ぬいしろ 2.5cm　ぬいしろ 1.5cm

クロスステッチ

24cm

35cm

中表にして、左脇と底を4cmのマチをつけて縫います。表に返し、開き口2.5cmを内側に折ります。お好みのボタンと紐（本作品では刺繍をしたくるみボタンとコードに花糸を巻きつけたもの）をつけ、表布とうつりのいい裏布をつけて仕上げます。

壁飾り

仕上がりサイズ 24cm×24cm

[材料] 麻布12目（晒し）／用意する布 30cm×30cm ／デンマーク花糸 1本どり

[作り方] 麻布を上下左右に2等分して中心を決めます。図案も矢印を結んで中心点を見つけ、中心から刺し始めます。厚さ3mmぐらいの厚紙に布目を正してかぶせ、裏側を止めます。

花小鉢のしおり

仕上がりサイズ 23cm×4cm

[材料] 麻テープ／用意する布 4cm×24cm／デンマーク花糸 1本どり

[作り方] 本書の「窓辺のスケッチ」の花小鉢から好きな柄を3つ選んでしおりに仕立てます。上下に3cmのフリンジをして、最後に切りそろえます。

花小鉢のしおり（ミニ）

仕上がりサイズ 15cm×4cm

[材料] 麻テープ／用意する布 4cm×16cm／デンマーク花糸 1本どり

[作り方] こちらも好きな柄を1つ選んで中央に刺し、下部にフリンジ、上部は3つ折りで中央にコードを差し込みまつります。最後にフリンジを切りそろえます。

「窓辺のスケッチ」のピンクッション

仕上がりサイズ 7.5cm×7.5cm

[材料] 麻布10目(生成)／用意する布 10cm×10cmを2枚／デンマーク花糸 1本どり

[作り方] 本書の「窓辺のスケッチ」から好きな柄を選んで、ピンクッションに仕立てます。薄手木綿で中袋を作り、残り毛糸などを詰めます。表布は中表に合わせ、一辺を残して縫って表に返し、中袋を詰めてあき口をまつります。花糸一束をよってコードを作り、縁に縫いつけます。

Old Towns and Lives through My Window in Cross-Stitch

ゲルダ・ベングトソン
Gerda Bengtsson（1900-1995）

アカデミー・オブ・アーツで装飾美術を学ぶ。1929年よりギルドの手工芸学校で刺繍デザインを教えつつクロスステッチのデザインをスタート。写実的で情感あふれる野の草花や樹のほか、庭や公園でくつろぐ人々をユーモラスに描く。生涯で数万点とも言われるデザインを生み出し、デンマーク刺繍を世界的なものにした。

イダ・ウィンクレル
Ida Winkler（1901-1995）

ギルドの手工芸学校でデザインと刺繍を学び、卒業後ギルドの専属デザイナーとして働く。主な仕事はギルドの膨大なコレクションから新たなパターン（主にサンプラー）を作り出すことだった。この仕事によって彼女自身のセンスが磨かれ、建物、地図、船シリーズなどの美しい傑作が誕生していった。

エディス・ハンセン
Edith Hansen（1926-2006）

ギルドの手工芸学校卒業。1959年より母校でデザインと刺繍を教える一方、ギルドのアトリエでデザイナーとして働く。丸、四角などの紙をコラージュした下絵を用い、光の効果を巧みなセンスで表現する。また、金糸刺繍にすぐれ、エディススタイルとでも言うべき糸使いとステッチの妙をあみ出した。

クロンボー城

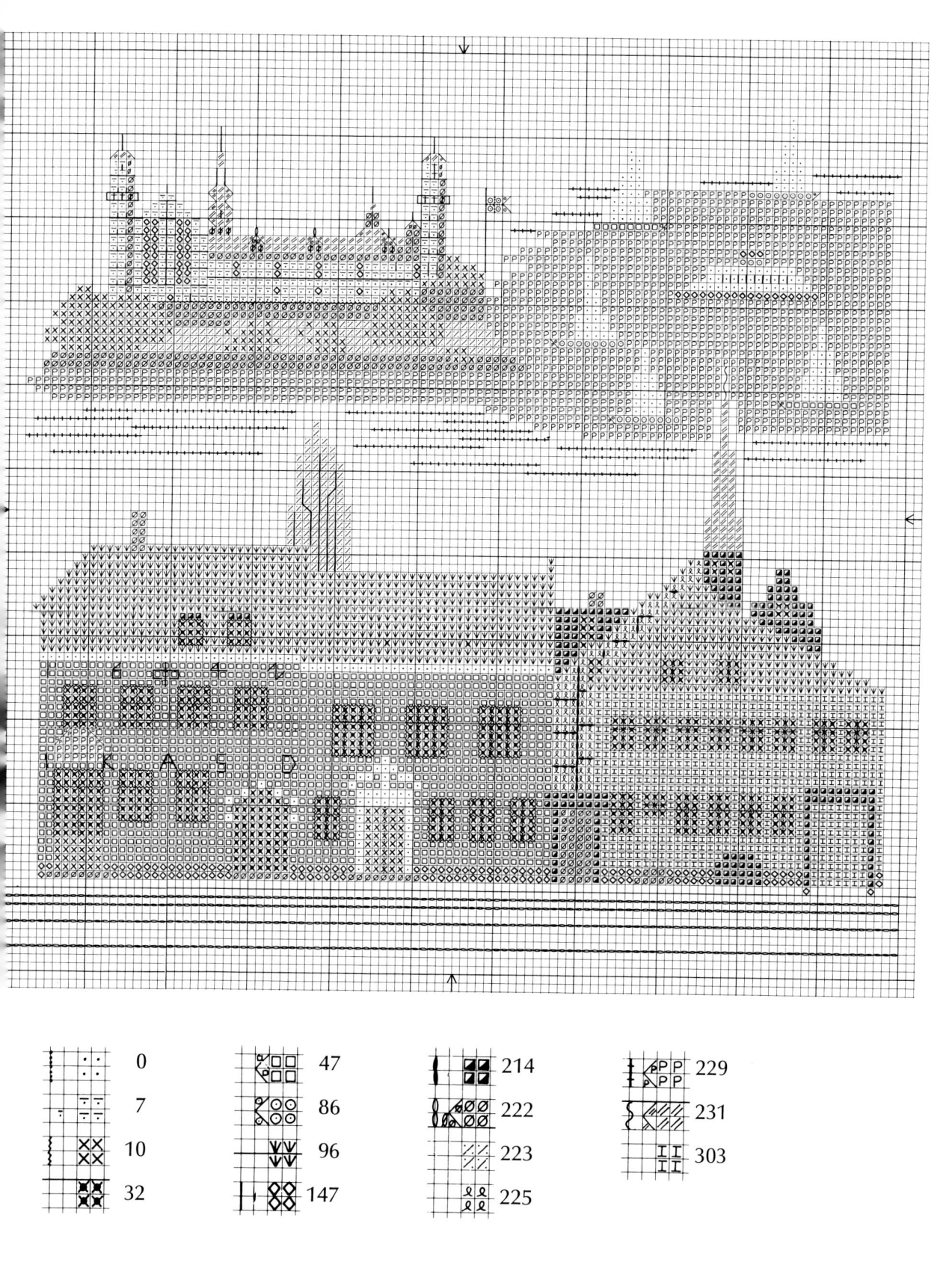

	0
	7
	10
	32

	47
	86
	96
	147

	214
	222
	223
	225

	229
	231
	303

テューナーの教会

		0			20			147			223			503
		10			22			215			228			
		13			96			218			237			
		19			113			222			303			

シタエルの風車と城門

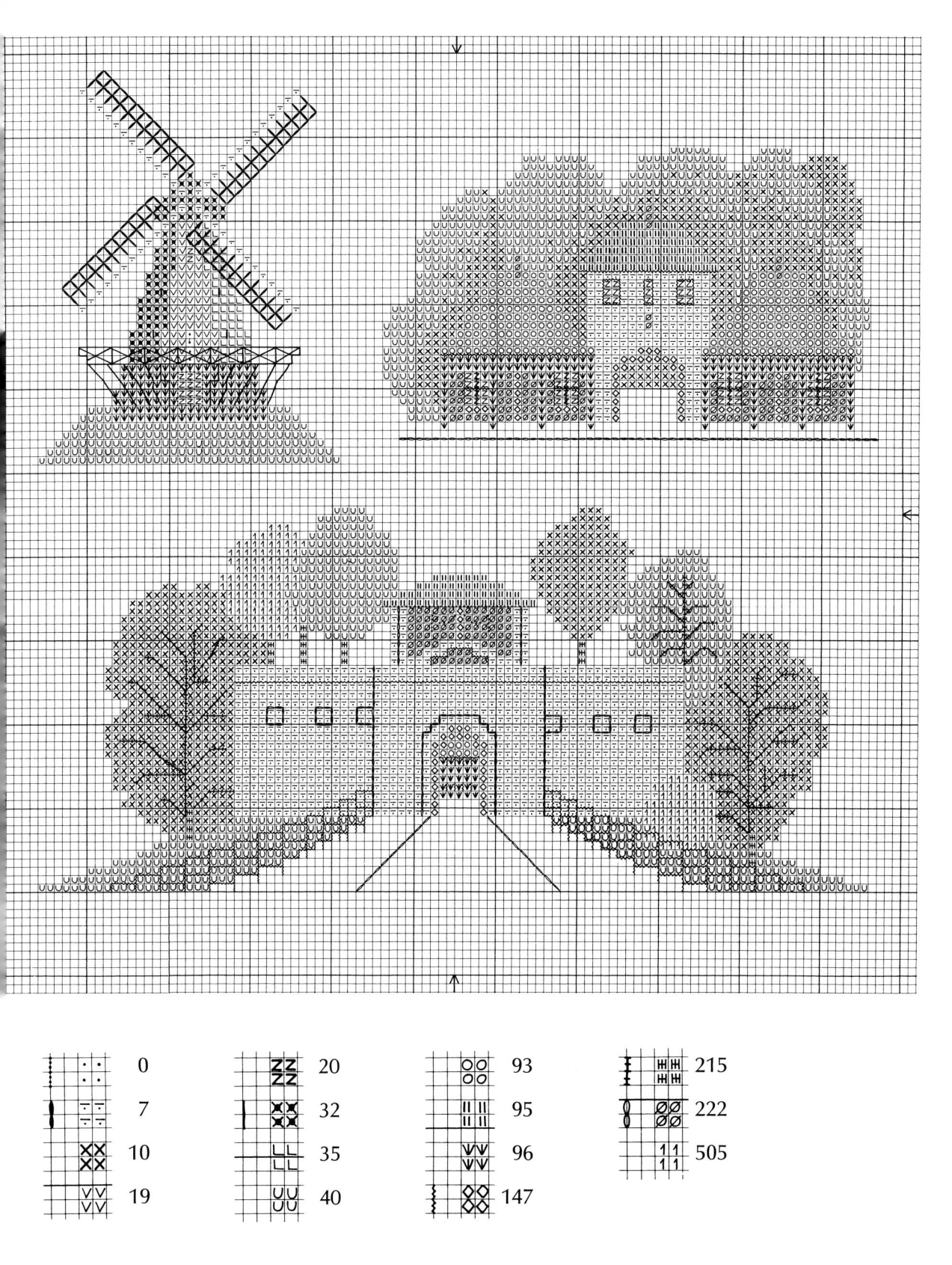

		0			20			93			215
		7			32			95			222
		10			35			96			505
		19			40			147			

祭日のアマエ公園

	$\vert$	::	0			BB / BB	22			$\updownarrow$	VV / VV	96			∂	ØØ / ØØ	222
		XX / XX	10			UU / UU	40				◇◇	147				ℓℓ / ℓℓ	225
		KK / KK	13			□□ / □□	47			≶	◪◪	214				✳✳ / ✳✳	238
		ZZ / ZZ	20			⊙⊙ / ⊙⊙	86			●	⊞⊞ / ⊞⊞	215				11 / 11	505

オベンロの旧家

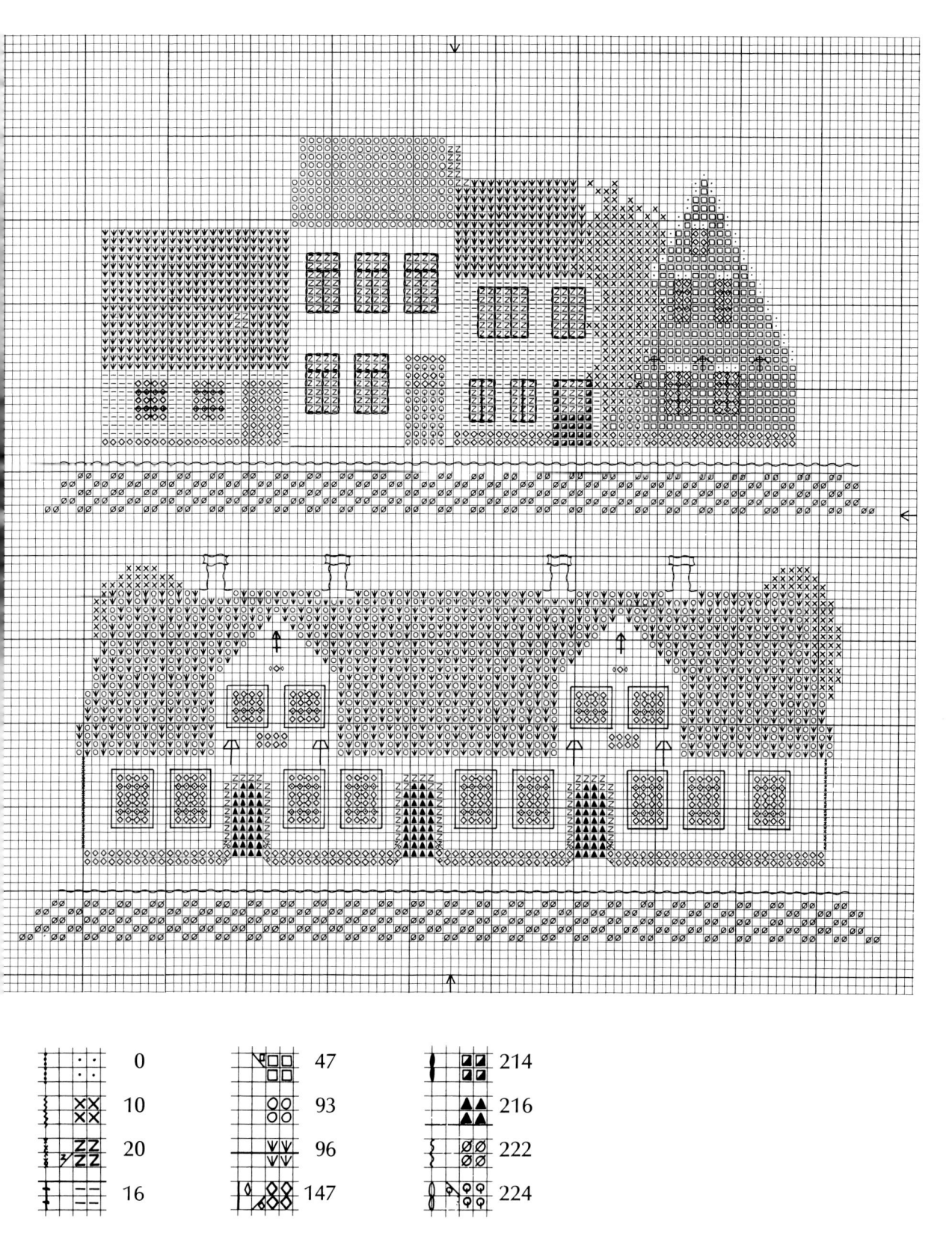

		0			47			214
		10			93			216
		20			96			222
		16			147			224

クーエの教会

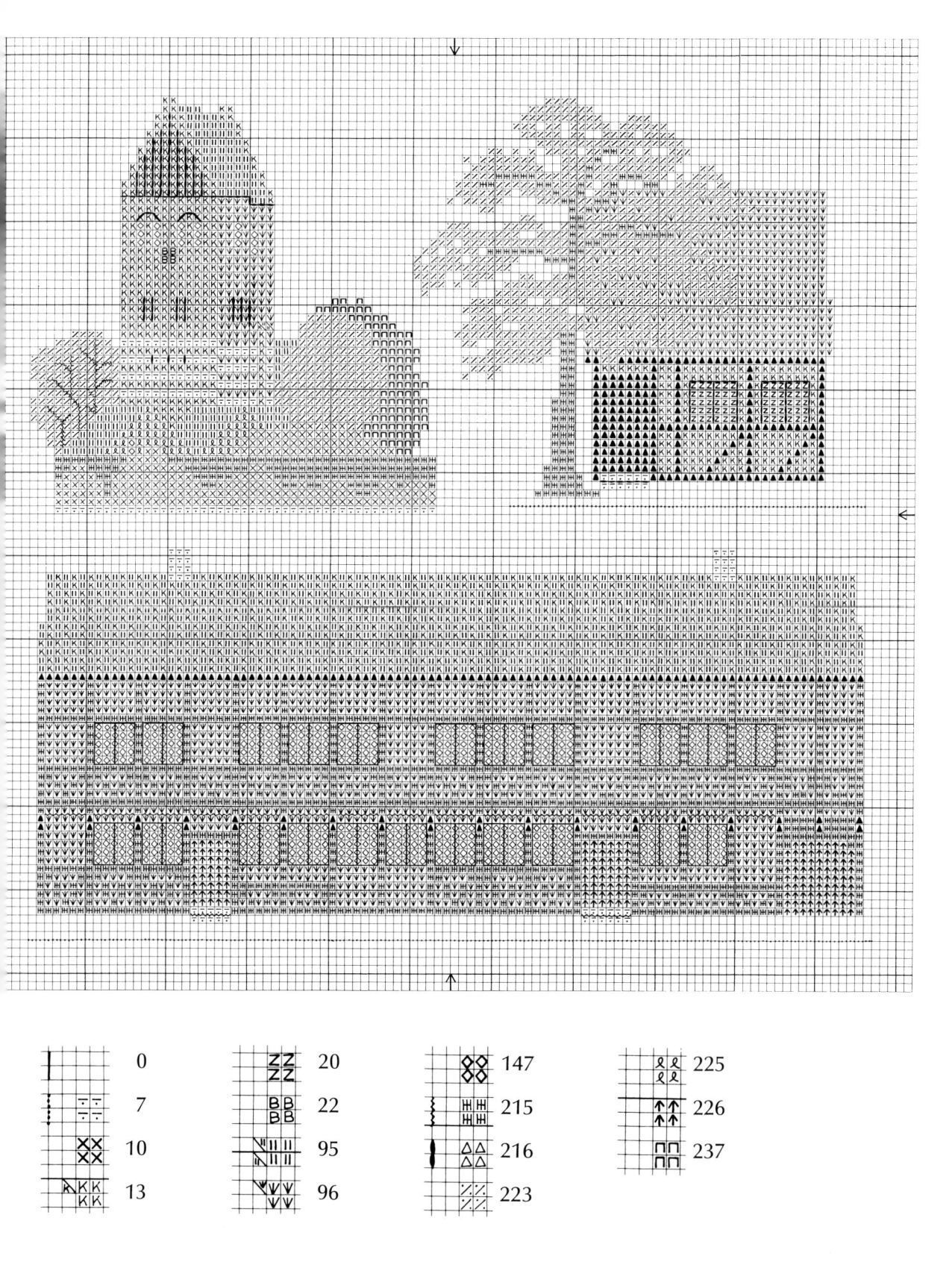

船乗りの町ドラウェ

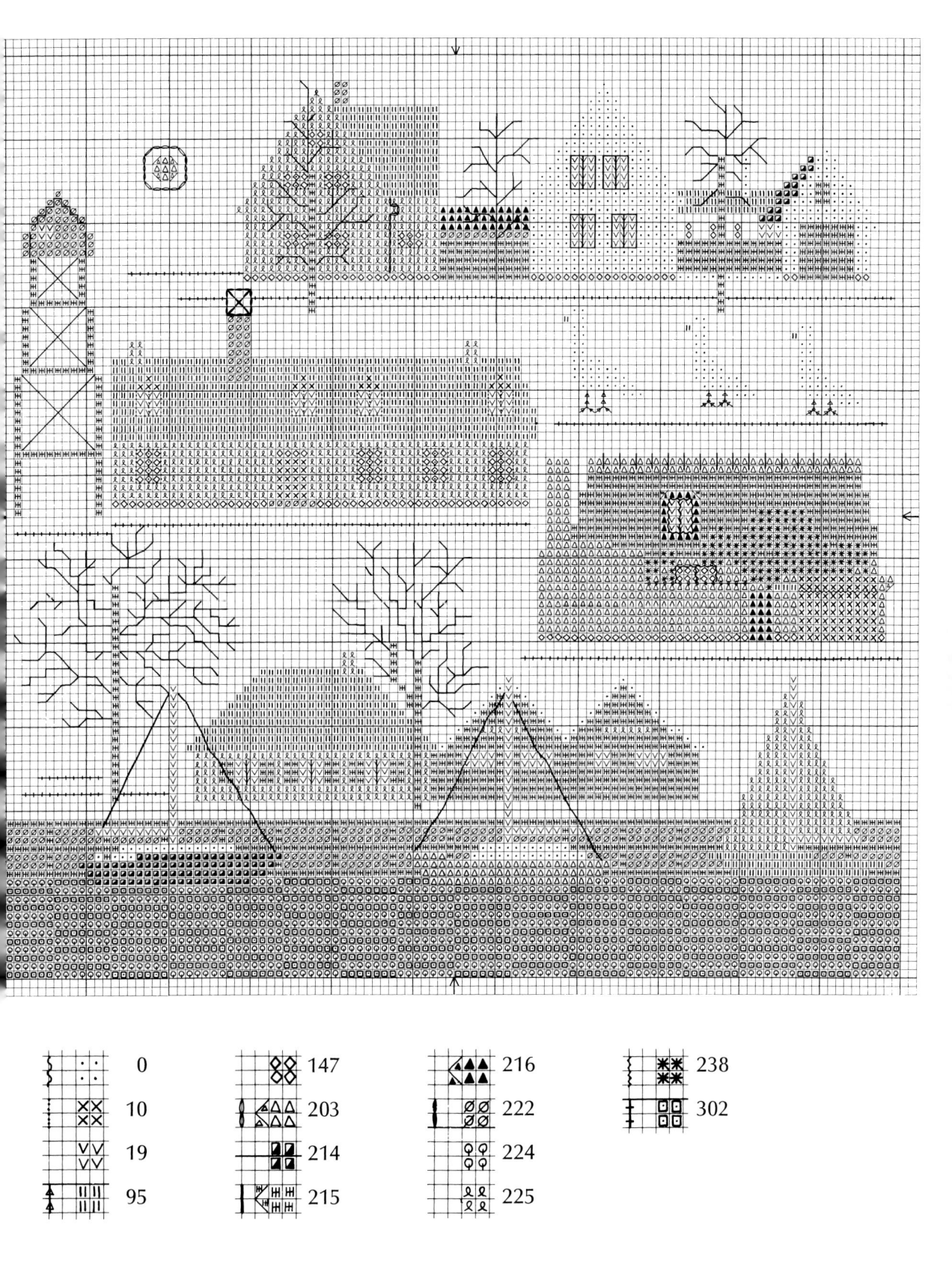

マーブルブリッジ

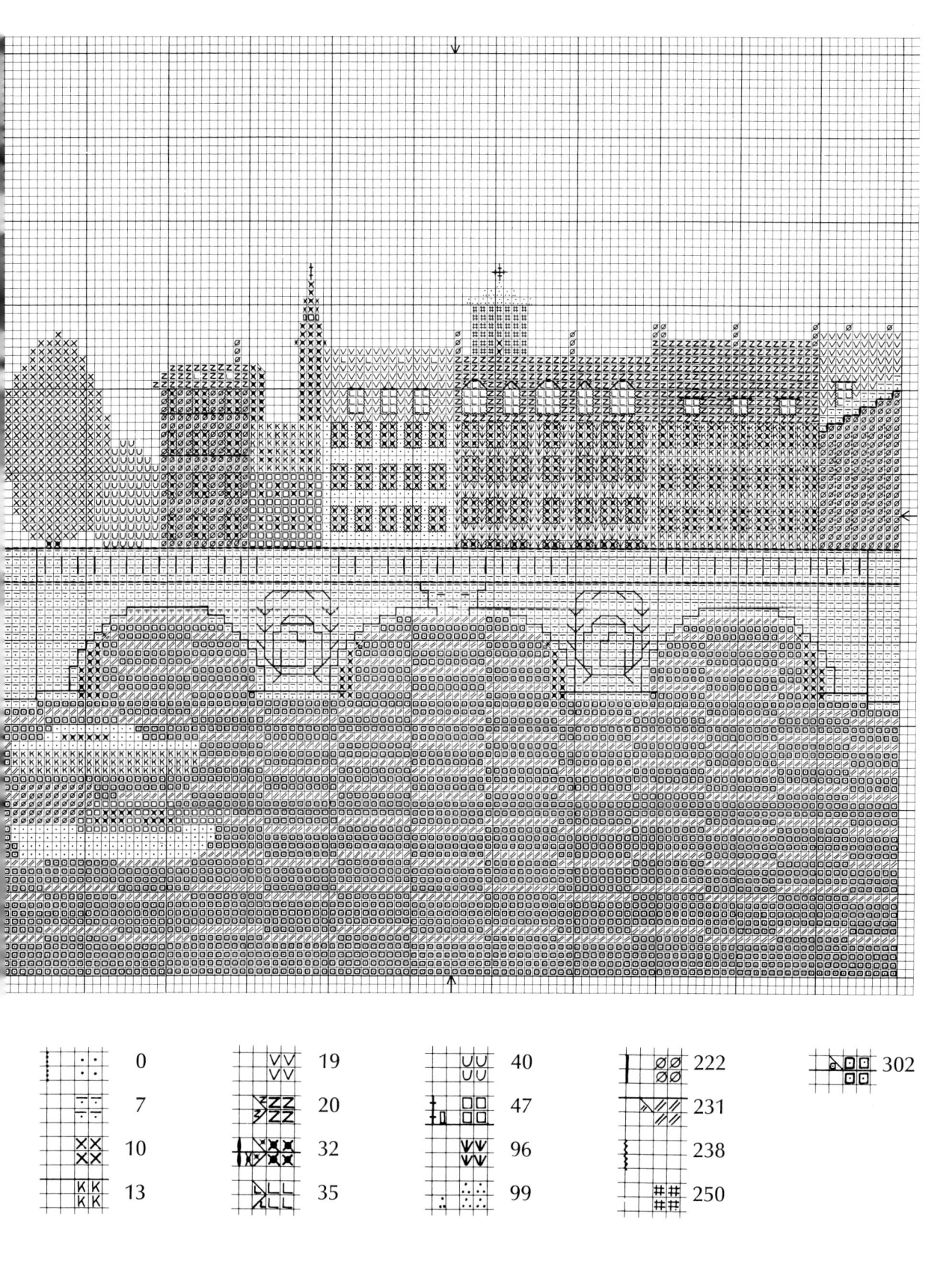

ヘマスリウの農家

	3		147		215
	7		210		222
	9		212		238
	40		213		506

ボーンセ広場

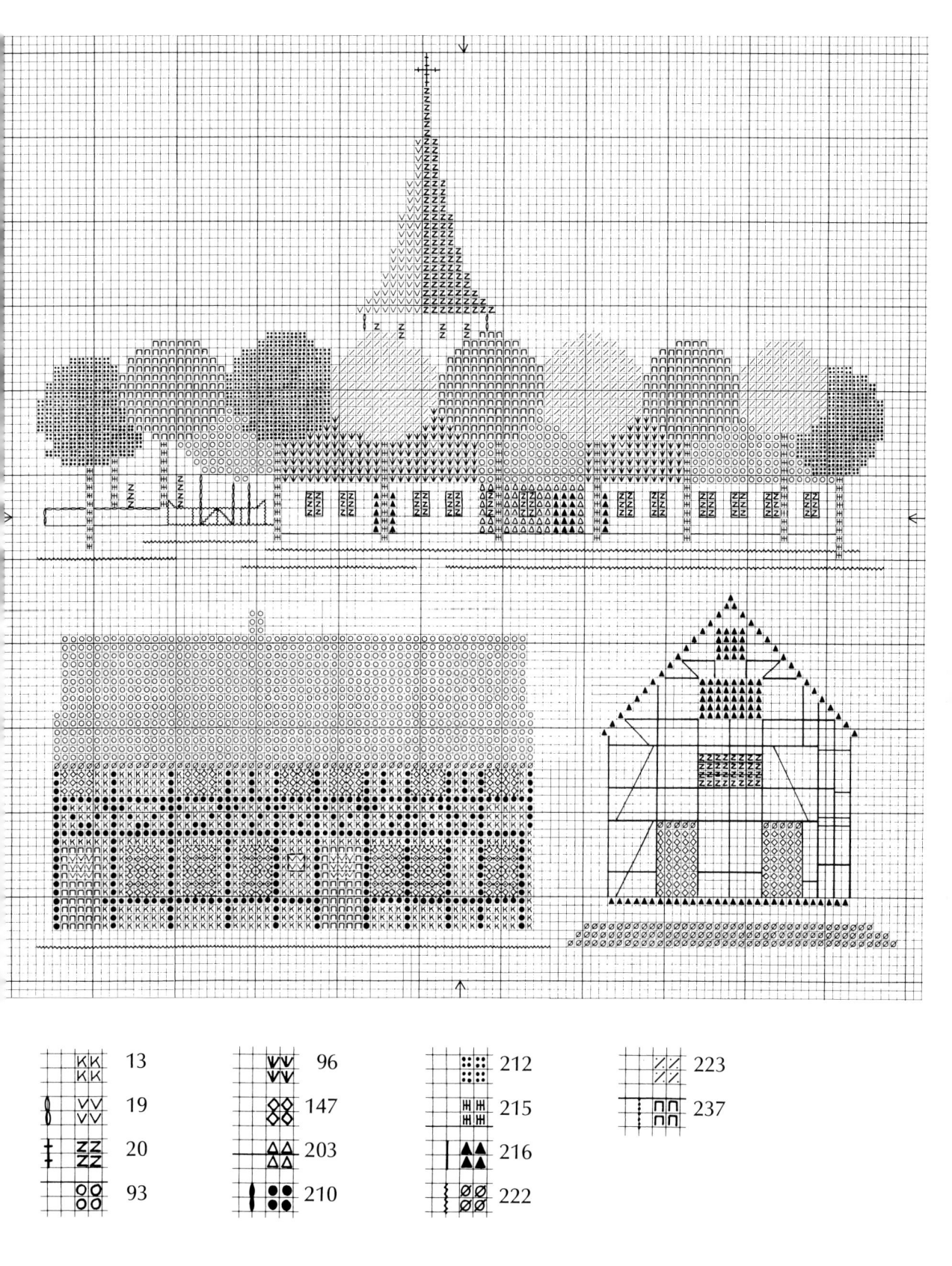

K K / K K	13	
V V / V V	19	
Z Z / Z Z	20	
O O / O O	93	

V V / V V	96	
◇ ◇ / ◇ ◇	147	
▲ ▲ / △ △	203	
● ●	210	

: : / : :	212	
⊞ ⊞ / ⊞ ⊞	215	
▲ ▲	216	
∅ ∅ / ∅ ∅	222	

╱ ╱ / ╱ ╱	223	
⊓ ⊓ / ⊓ ⊓	237	

デンマークの街角

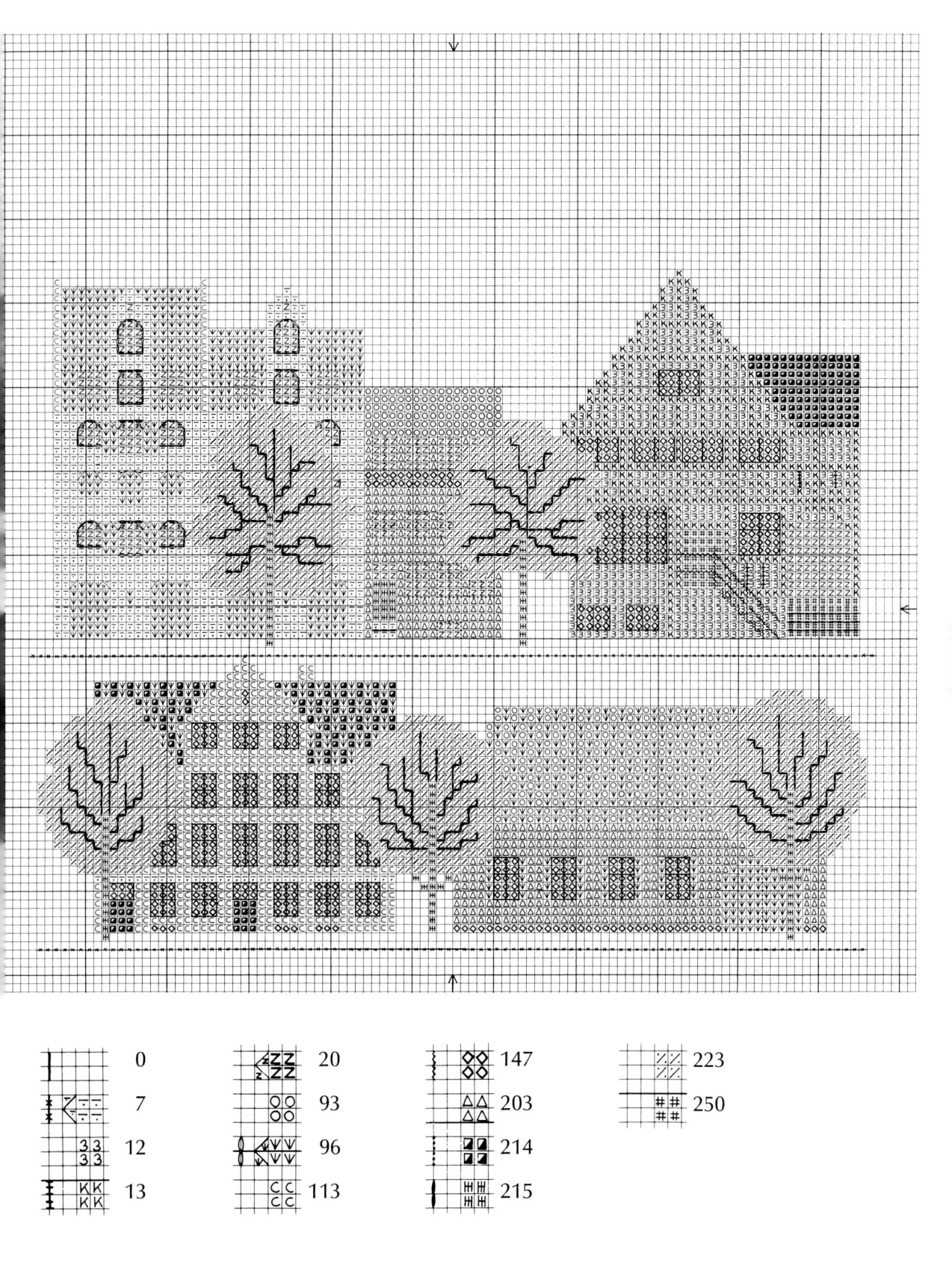

	0		20		147		223
	7		93		203		250
	12		96		214		
	13		113		215		

街の窓辺

	0		93		147		225
	7		95		214		229
	32		96		215		231
	47		113		222		

港町の窓辺

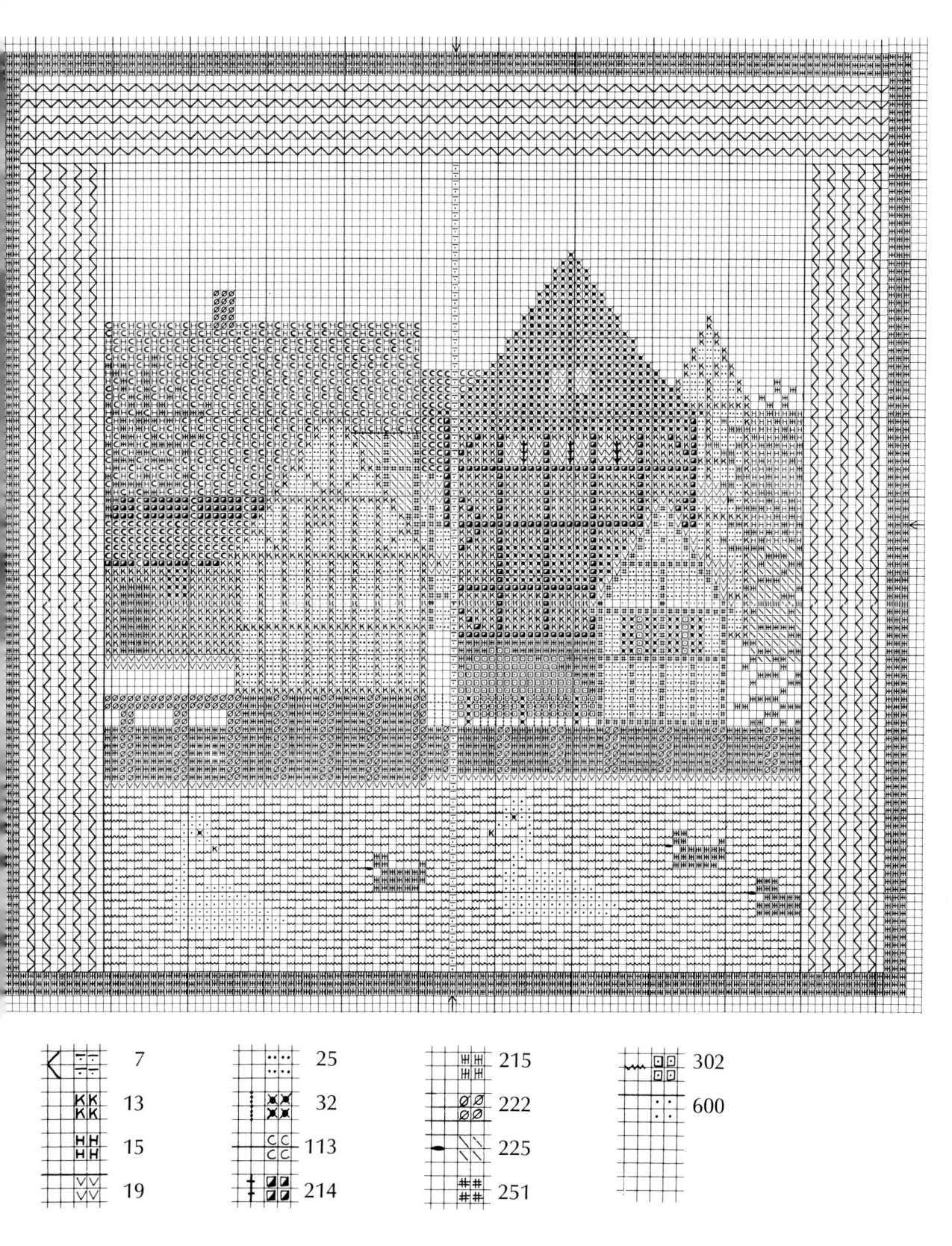

◤ · / · / ·	7	
KK / KK	13	
HH / HH	15	
VV / VV	19	

· · / · · / · · ·	25	
✕ / ✕	32	
CC / CC	113	
▰ ▰ / ▰ ▰	214	

HH / HH	215	
ØØ / ØØ	222	
● / /	225	
## / ##	251	

□□ / □□	302	
· · / · ·	600	

朝露の窓辺

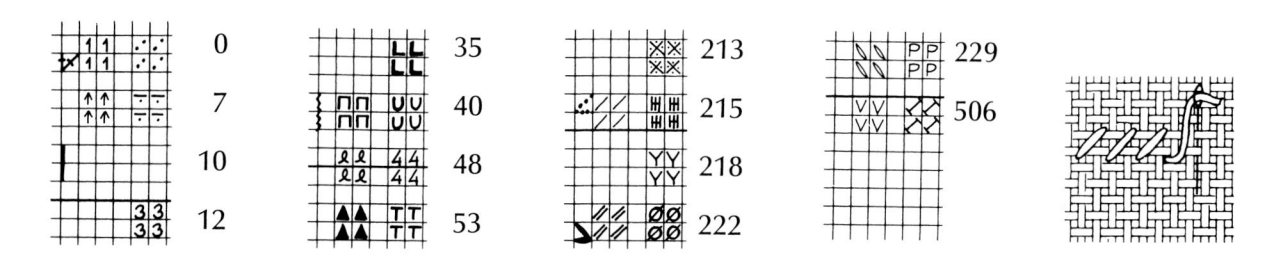

冬の窓辺

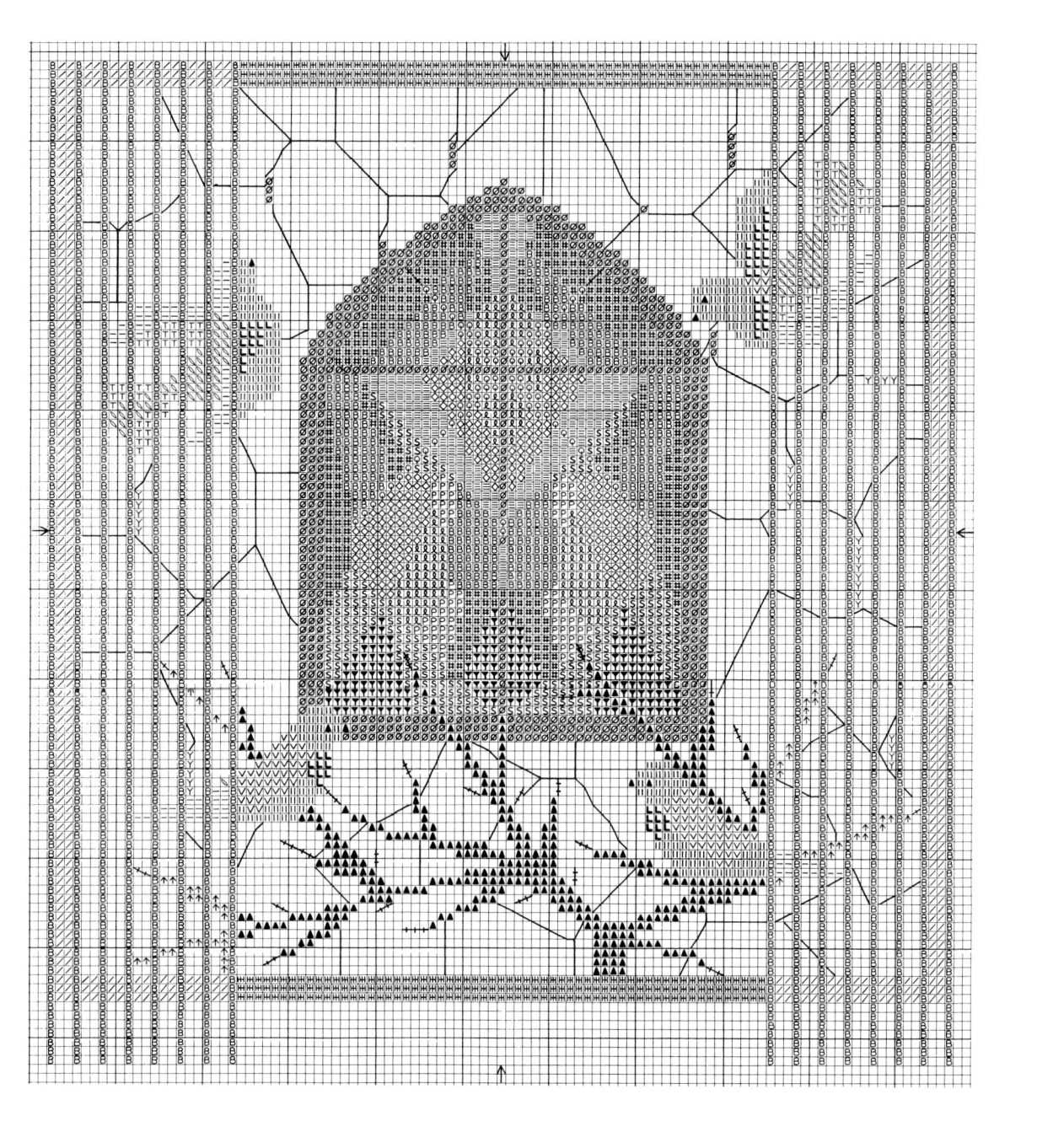

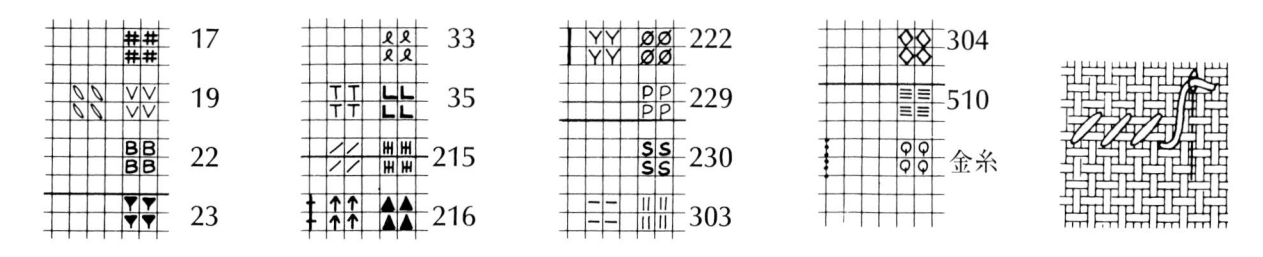

初秋の窓辺

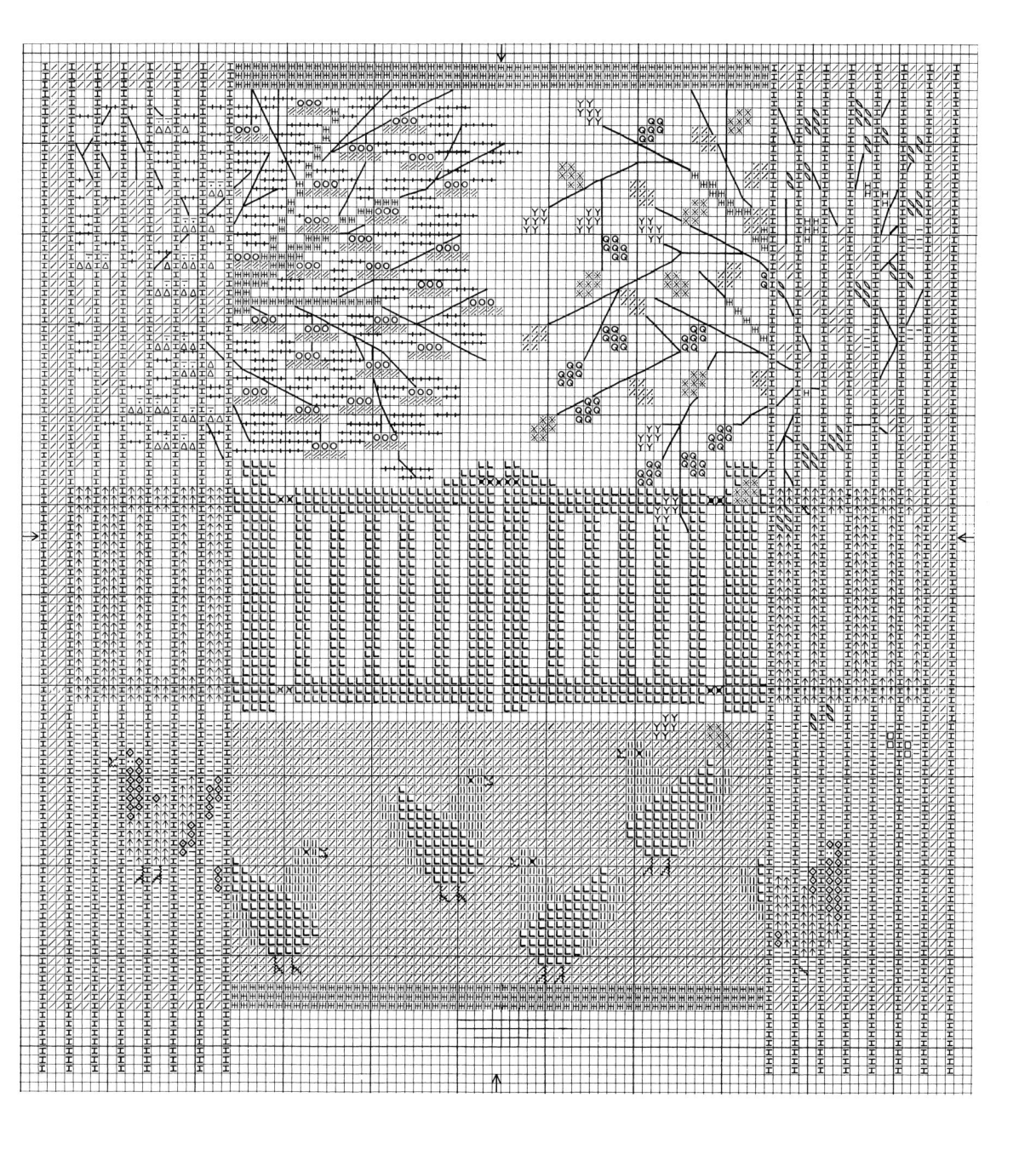

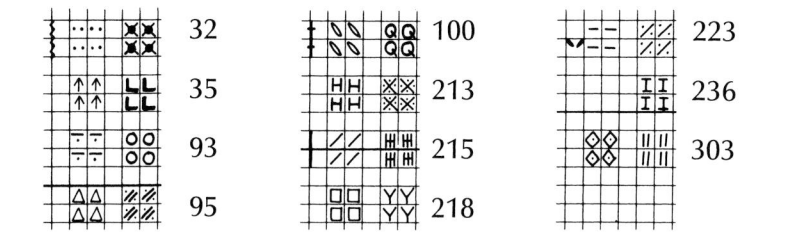

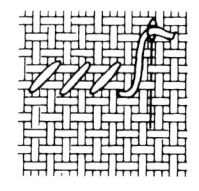

昼下がりの窓辺

	6		35		147		302
	10		37		223		323
	12		47		228		500
	33		100		251		600

新緑の窓辺

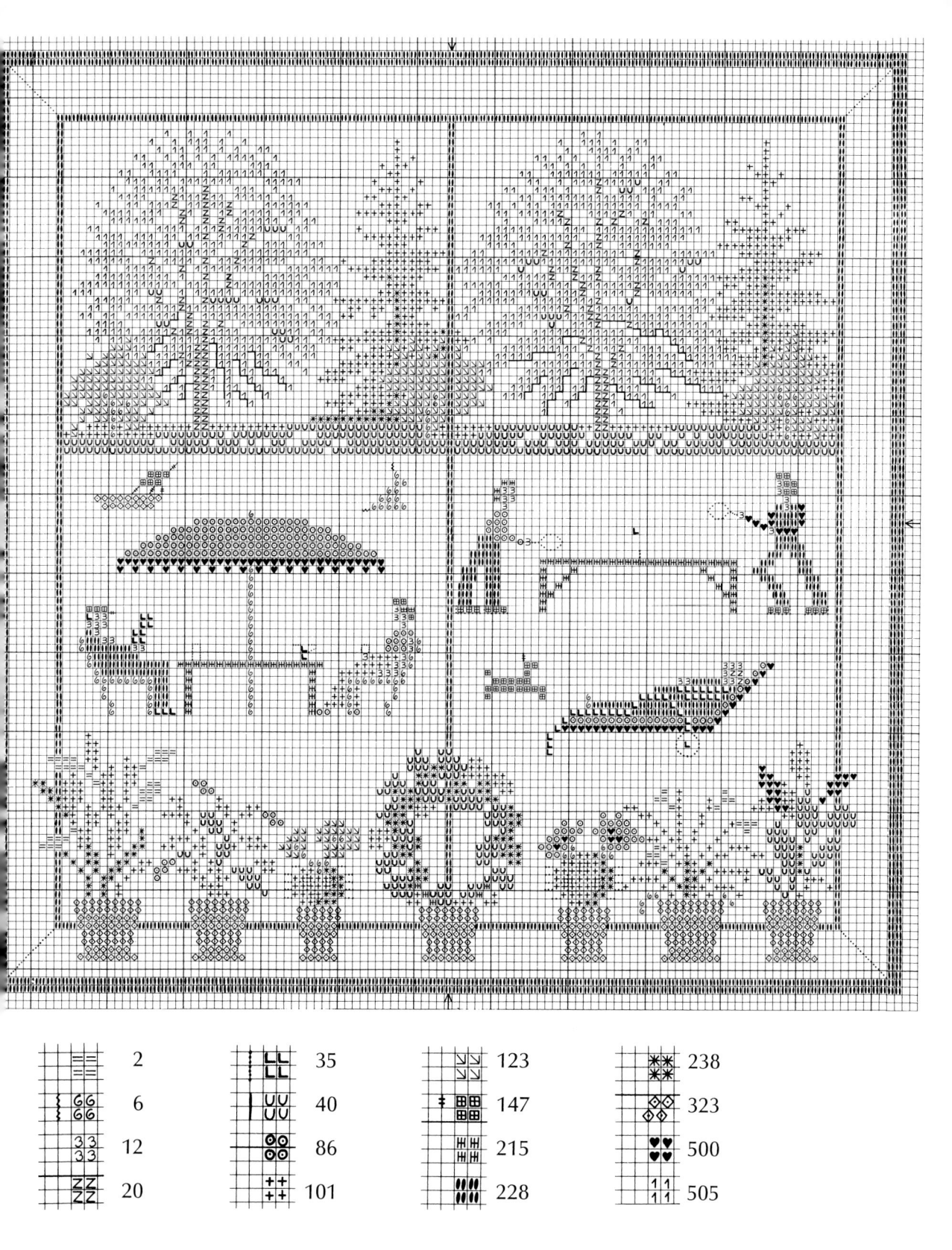

☰ ☰	2	LL LL	35	↘↗ ↗↘	123	✳✳ ✳✳	238
6 6	6	U U	40	‡ ⊞⊞ ⊞⊞	147	◇◇ ◇◇	323
3 3 3 3	12	⊙⊙ ⊙⊙	86	╫╫ ╫╫	215	♥♥ ♥♥	500
Z Z	20	+ + + +	101	⫼⫼ ⫼⫼	228	1 1 1 1	505

広場の窓辺

⟨×× / ××	10	
÷÷ / ÷÷	11	
33 / 33	12	
ℓℓ / ℓℓ	33	

LL / LL	35	
88 / 88	37	
UU / UU	40	
▢▢ / ▢▢	47	

⊞⊞ / ⊞⊞	147	
⁄⁄ / ⁄⁄	223	
⫼⫼ / ⫼⫼	228	
✳✳ / ✳✳	238	

## / ##	251	
◇◇ / ◇◇	323	
♥♥ / ♥♥	500	
∴∴ / ∴∴	600	

材料について

本書のモチーフは縦横均等に織られている麻布にクロスステッチで刺繍しています。図案の1マスは布の織り糸の縦横2目ずつを示します。図案に矢印が書いてある場合は、この矢印を結んだ点が図案の中心点となり、そこから刺し始めます。

麻布について——本書で使用する麻布の目は12目（1センチに12本）、10目（1cmに10本）、7目（1cmに7本）の3種類があり、晒した白い生地と未晒しの自然な色合いの生地があります。

花糸について——本書のモチーフは、デンマーク手工芸ギルドの花糸で刺しています。この糸は美しい自然の色を持った、繊細なつや消しの木綿の糸です。まれに、つやのあるDMCの糸が使われています（DMCの糸は10目、12目の麻布には2本どり、7目の麻布には4本どりで用います）。

刺繍作品のアイロンのかけ方——柔らかい布を下に敷いた上に刺繍部分を下にして置き、上に薄い布をかけて霧を吹き、高温でアイロンをかけます。布があたたかいうちに布の縦横の目を上下左右に引っぱって正し、そのまま自然に乾かします。

洗濯の仕方——刺繍の仕上げ後は、洗濯をする必要はありません。洗濯をするときはまずたっぷりの冷水（お湯で洗うと色が出る場合があります）で水洗いをし、洗剤（漂白剤の入っていないもの）を入れた冷水の中で手早く振り洗いし、冷水で充分すすぎ、2枚の布の間にはさんで乾かします。

麻布12目（1センチに縦横12目・布幅150cm）
デンマーク花糸を1本どりで使用。
針は刺繍用の先丸針26号を使用。

麻布10目（1センチに縦横10目・布幅150cm）
デンマーク花糸を1本どりで使用。
針は刺繍用の先丸針24号を使用。

麻布7目（1センチに縦横7目・布幅150cm）
デンマーク花糸を2本どりで使用。
針は刺繍用の先丸針20号を使用。

「花糸」は古来から伝わるデンマークの織物用糸を研究して生み出された素朴な風合いの木綿の糸。自然の草木の色に近い色が特徴で、名づけ親はデザイナーのゲルダ・ベングトソン女史です。単糸なのでクロスステッチを刺すのに適していますが、他のさまざまなステッチにも使用されています。色数は約100色。

クロスステッチの刺し方

　本書の図案は、クロスステッチで刺繍します。使用する糸は、図案の下に記号と番号で示してあります。数字の横に3種類の記号が示されている場合、一番右の記号がクロスステッチ、真ん中は右図Dのクロスステッチ、左側の記号がバックステッチです。図Dの指し方は、記号の記入の仕方で区別しています。

クロスステッチの刺し方

A　横に刺していくクロスステッチ

　左から右へ刺していきます。麻布の2目を単位とし、左下端から／形を繰り返すようにステッチの半分を刺していき、刺し終えたら次に右下の端から図のように戻りながらクロスを完成させていきます。

B　上下に刺していくクロスステッチ

　一つのステッチごとにクロスを完成させます。ステッチの糸のかかり方はAの場合と同じです。AもBもステッチの裏側の糸は垂直の線になります。

C　布目をずらすクロスステッチ

D　変形したクロスステッチ

　図の左は3/4クロスステッチ。中央は縦に2目、横に1目でクロスします。右は横に2目、縦に1目でクロスするステッチです。

バックステッチの刺し方

E　バックステッチの刺し方は2通りあります。Eの左のように垂直、水平に2目ずつすすむ方法と、右のように下へ2目、横へ1目、もしくは下へ1目、横へ2目すすむ方法です。

F　1目ずつに、それぞれの方向に刺繍するバックステッチもあります。

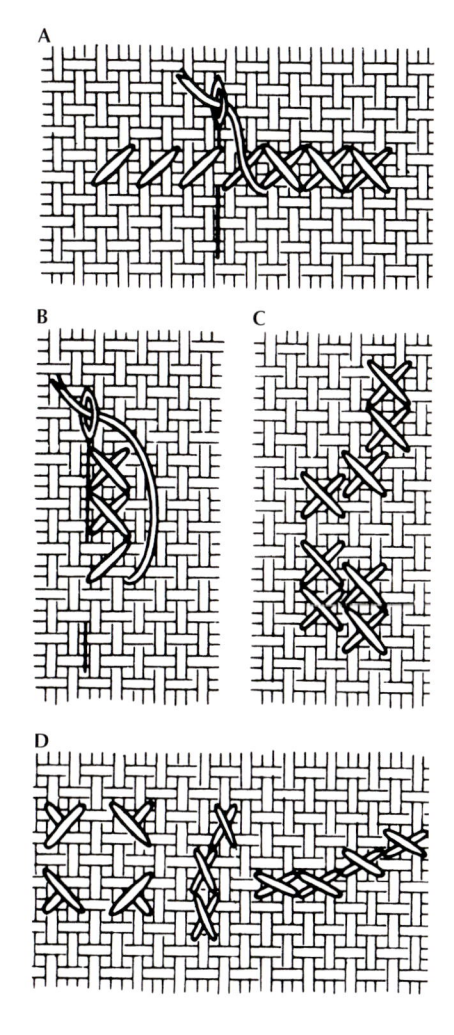

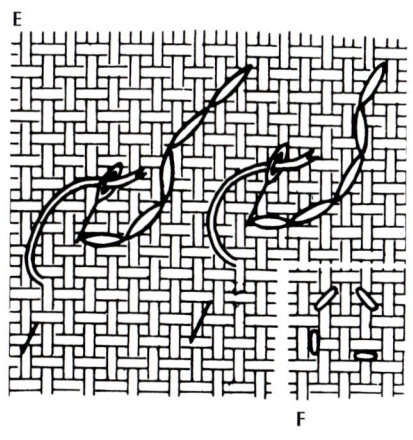

 # デンマーク手工芸ギルドについて

デンマーク手工芸ギルドは"テキスタイルの再生と芸術的手工芸の創造"を理念として1928年に創立されました。デンマーク王室の庇護の元、専門家を育てる学校の設立やコレクションの展示などを通じ、デンマークのクラフトマンたちの指導的立場を担いつつ、手工芸の品質向上や新しいデザインの創出などに積極的に取り組んできました。

特にクロスステッチの分野ではゲルダ・ベングトソン、イダ・ウィンクレルなどの優れたデザイナーを次々と輩出。写実的かつ叙情的な野の花や、簡潔で美しい街の風景を描いたデザインは現代生活を彩るインテリアとして一世を風靡し、ギルドの名前を世界的に有名にしました。

現在では活動の範囲はアメリカ、オーストラリア、日本などに広がり、4年に1回の展覧会の開催をはじめ、図案集やカレンダー、刺繍キットの販売などを通じて、デンマークの手工芸の魅力を広めています。

デンマーク手工芸ギルドの機関誌は、1934年に第1号が発行され、現在でも年3回発行されています。デンマークの手工芸の現在が一望できる、貴重な情報誌。

ギルドではチャート、麻布、花糸、針がセットになった刺繍キットを早くから発売。優れたデザインのインテリアを自分自身の手で作り上げられる楽しさを、世界中の人々に伝えています。

1960年から毎年、新作12点のデザインが掲載されたカレンダーを発表しています。毎年一人のアーティストがデザインを担当しています。

ヤマナシ ヘムスロイドについて

ヤマナシ ヘムスロイドは、1971年、スウェーデン国立手工芸協会の後援をうけ、スウェーデンで織物を学んでいた山梨幹子によって設立されました。その後デンマーク手工芸ギルド、英国RSNの公認を受けています。展覧会の開催や、教室・通信講座の開催、書籍出版、ショップ展開を通して、精力的に北欧・英国の織と刺繍を日本に紹介してきました。

展覧会や教室を通して皆さんに知っていただきたいのは、暮らしを楽しく彩る本格的な手工芸の楽しみです。「本格的な手工芸」とは

1　手仕事を裏切らない確かな品質素材の使用
2　伝統に支えられた高度な技法
3　歴史に磨き抜かれたデザインやパターン
の3点に支えられています。

40年の実績を誇る手工芸の教室

北欧の家庭で愛されてきた手工芸(ヘムスロイド)を楽しんでいただけるよう、各地で教室を開催しています。吟味された素材と、北欧の国々で愛されてきたデザインやパターンを通じ、本格的な手工芸をお楽しみください。通信講座、1日講習会なども開催しています。
・刺繍コース
・スウェーデン織コース
・ボビンレース
・北欧ニット
・スウェーデン織大型コース

ヤマナシ ヘムスロイドの通信講座

ヤマナシ ヘムスロイドでは4つの通信講座を開講しています。通信講座修了者へは講師資格(ディプロマ)への道も開かれています。
・クロスステッチマスターコース
・ホワイトワークマスターコース
・キャンバスワークマスターコース
・スウェーデン織物マスターコース

ヤマナシ ヘムスロイド友の会のご案内

ニュースレター、展覧会出品、商品の割引販売、作品の添削等、さまざまな特典のある友の会制度を設けております。年会費は4,000円です。

本書で取り扱いの材料について

麻布（10目・12目）30cm×30cm

……………………………… 1枚　本体1,200円

麻布（10目・12目）50cm×50cm

……………………………… 1枚　本体2,800円

麻布（7目・10目・12目）30cm×幅150cm

……………………………… 1枚　本体4,500円

（※30cm以上10cm単位）

麻布（7目・10目・12目）1m×幅150cm

……………………………… 1枚 本体15,000円

デンマークの花糸（20m）

……………………………… 1束　本体200円

金糸

……………………………… 1束　本体500円

※価格は2010年10月現在のものです。

ショップのご案内

　デンマークのクロスステッチの材料をお求めの方は下記までお問い合わせください。

ヤマナシ ヘムスロイド本部　表参道ショップ

〒150-0001　東京都渋谷区神宮前4-3-16

Tel. 03-3470-3119 Fax.03-3470-2669

mail@yhi1971.com

営業時間—10：30 ～ 18：30（土曜日は18：00まで）

休日—日・月・祝

ヤマナシ ヘムスロイド　東急本店ショップ

〒150-0043　東京都渋谷区道玄坂2-24-1

東急百貨店本店3階

Tel./Fax.03-3477-3314

営業時間—10：00 ～ 19：00

年中無休

N E W S

2011年5月、表参道を皮切りに40周年記念作品展が巡回！

ヤマナシ ヘムスロイドは2011年に40周年を迎えます。これを記念して友の会の皆様による「デンマークのクロスステッチ」をはじめ、ホワイトワーク、スウェーデン織などの作品と共に、ヤマナシ ヘムスロイドの40年間の軌跡をたどる展覧会が開催されます。作品展は5月の表参道を皮切りに、岡山、大阪など全国を巡回予定です。

ヤマナシ ヘムスロイドの出版物

ゲルダ・ベングトソン
「刺繍・人生」
オールカラー 160ページ
本体6,000円＋税

「庭の草花たち」
カラー 8ページを含む全32ページ
本体4,500円＋税

「お祝いづくし」
A5 16ページ
本体1,500円＋税
デザイン：山梨幹子

「スウェーデンのクロスステッチ
クリスマス・タペストリー」
デザイン：インガ・パルムグレン
オールカラー 112ページ
本体5,000円＋税　カラーフィールド

デンマークのクロスステッチ
「色いろボーダー」
デザイン：ヴィベケ・オルリス
カラー 56ページを含む72ページ
本体2,000円＋税　文化出版局

「北欧のシンプル刺しゅう」
オールカラー 80ページ
本体1,300円＋税　グラフ社

「イングリット・プロムのデンマーククロスステッチ」
2冊セット　オールカラー 88ページ＋84ページ
本体7,400円＋税　復刊ドットコム（旧名：ブッキング）

「デンマークのクロスステッチ」
本体各2,800円＋税　ヤマナシ ヘムスロイド

応用作品製作協力　　大村尚子、﨑村由紀、宮川和子

＊本書は、1990年に文化出版局より出版された
『デンマークのクロスステッチ』Ⅷ巻を再編集したものです。

デンマークのクロスステッチ
街並みと窓辺のスケッチ
Old Towns and Lives through My Window in Cross-Stitch

2010年10月30日　　初版発行

著者　　　　デンマーク手工芸ギルド
　　　　　　（デザイン：ゲルダ・ベングトソン
　　　　　　イダ・ウィンクレル　エディス・ハンセン）

監修　　　　山梨幹子
発行　　　　ヤマナシ ヘムスロイド
　　　　　　〒150-0001東京都渋谷区神宮前4-3-16
　　　　　　電話 03-3470-3119　http://yhi1971.com/

発売　　　　株式会社復刊ドットコム
　　　　　　〒150-0022　東京都渋谷区恵比寿南3-5-7
　　　　　　代官山デジタルゲートビル
　　　　　　電話 03-6800-4460　http://www.fukkan.com/

ブックデザイン　松田洋一
印刷・製本　　　シナノ書籍印刷株式会社

Japanese translation rights © Mikiko Yamanashi　Printed in Japan　ISBN 978-4-8354-4566-3 C5377